BEAUX-ARTS

LES ARTISTES NORMANDS

AU

SALON DE 1861

PAR

ALFRED DARCEL

ROUEN

IMPRIMERIE DE D. BRIÈRE

RUE SAINT-LO, N° 7

1861

BEAUX-ARTS

LES ARTISTES NORMANDS

AU

SALON DE 1861.

Peinture.

Un des caractères de l'exposition, de l'aveu de tout le monde, critiques et public, est d'être à un niveau moyen, placé à égale distance entre le sublime et le ridicule, et de montrer un progrès sur les salons précédents. Les œuvres envoyées par les artistes qui appartiennent à l'un des cinq départements de l'ancienne Normandie participent heureusement à ce mouvement général, et nous n'aurons à constater aucune de ces défaillances que nous avions signalées il y a deux ans.

L'ordre alphabétique, d'accord avec le mérite de ses œuvres, nous fait donner le premier rang à M. A. de Balleroy, né à Lonné (Orne), qui devient peu à peu l'un de nos peintres animaliers les plus distingués. Dans *la Meute sous Bois*, toile considérable, peinte en collaboration avec M. Belly, la troupe haletante, à la poursuite acharnée, court le nez sur la piste dans la clairière d'une forêt de hêtres. La lumière, qui se tamise à travers le feuillage, éclaire avec franchise la troupe pressée des chiens et pénètre dans les mystérieuses profondeurs de la forêt, remplie des claires sérénités d'un beau jour d'automne.

Quelle part revient à chacun des deux artistes dans cet harmonieux ensemble du paysage et des chiens ? Nous ne saurions le dire, mais si les deux peintres s'y sont prêté un mutuel appui, M. de Balleroy a montré qu'il avait su retenir quelque chose de la couleur de M. Belly dans son tableau intitulé *la Retraite prise.* Après une journée de course à travers les bois et les champs, lorsqu'il faut regagner le chenil, même après les sanglantes jouissances de la curée, la route est longue et pénible. C'est en silence, l'oreille et la queue basses, les flancs remontés, le poil en désordre, que les limiers s'avancent à la suite des piqueurs, clopin clopant, les trainards plus piteux que les autres. Un intense et froid rayon de soleil couchant en hiver éclaire cette retraite d'une meute si harassée, que cela ressemble à une déroute. Quelle différence avec le tableau voisin, *le Relais de Chiens !* Les uns, couchés à l'ombre, attendent avec insouciance que la bête passe à leur portée, tandis que les autres, déjà debout, dressent la tête aux aboiements lointains, aspirent les fugitives senteurs qui peuvent venir de la bête et sont déjà tout prêts à s'élancer sur sa trace. Si M. de Balleroy sait rendre à merveille les allures diverses et les « sentiments » des bêtes, c'est qu'il ne néglige point l'étude de la figure humaine, comme le prouvent les trois portraits largement traités qui complètent son exposition.

M. E. Bataille, de Granville (Manche), cherche encore sa voie, quand il serait grand temps de l'avoir trouvée. Après la lumière fuligineuse de son tableau de Sainteté d'il y a deux ans, il est revenu aux sujets Louis XV, mais il a sagement abandonné en route la couleur noire dont il alourdissait ses imitations. *Le Printemps* de cette année, panneau décoratif d'assez grandes dimensions, est le commentaire figuré d'une pièce de vers d'Emile Deschamps, qui est d'un rocailleux et d'un entortillé tout-à-fait d'accord avec cette froide peinture où, dans un parc à la française, un Terme gelé fait la nique à un enfant rouge, qui voltige au milieu de fleurs en fer-blanc, suivi d'un essaim d'oiseaux empaillés :

> Jeune printemps, et toi, tu sèmes et tu cueilles
> Aux prés comme aux buissons leur odorant trésor.

Admirez la poésie, et jugez du tableau !

Boucher chez Mme de Pompadour est un agréable petit intérieur, peint un peu froidement ; je ne sais si c'est bien Boucher qui feuillette un carton, je ne sais si cette jeune femme à sa toilette, qui examine assez dédaigneusement les esquisses qu'on lui soumet, est bien la favorite, mais la scène est convenablement disposée et montre à M. E. Bataille qu'il ne devrait guère sortir de ce genre, qu'il réussit bien mieux que les grandes machines, comme *le Printemps*.

Le *Portrait de M. Battaille* dans le rôle de Pierre Ier, dans *l'Etoile du Nord*, est malheureusement déparé par une couleur froide et crue, aux ombres verdâtres, car l'auteur y a montré une certaine recherche du dessin et du modelé.

M. Eugène Bellangé, né à Rouen, débute heureusement, et si, en peignant les scènes militaires, il doit suivre la voie si glorieusement tracée par son père, ce dernier n'est pas disposé à l'y laisser marcher seul de sitôt. Jamais, en effet, M. H. Bellangé père ne s'est montré plus jeune, ni inspiré d'un sentiment plus mâle et plus élevé que dans cette scène pleine de tristesse qu'il a intitulée *les Deux Amis*.

Et tels avaient vécu les deux jeunes amis,
Tels on les retrouvait dans le trépas unis,

la main dans la main, couchés l'un sur l'autre, aux premiers rangs, dans cette plaine labourée par les travaux de mine et par la mitraille, dont les murs dentelés de Sébastopol terminent le morne horizon.

Certes, M. E. Bellangé fils doit encore apprendre, car on apprend toujours, mais il devrait peut-être s'asservir à ne rien produire d'ici à deux ou trois années, jusqu'à ce que, devenu maître absolu de son dessin par une étude assidue du corps humain, il ne montre plus ces emmanchements hasardés, que l'on excuse à la fougue de la jeunesse, mais qu'on ne pardonnerait point, s'ils restaient une habitude. Qu'il se méfie d'une production trop hâtive et de la tentation d'escamoter les difficultés par des à peu près; qu'il ne prenne point enfin la fatale habitude de substituer le chic à la science. Cela lui arriverait infailliblement, si, aveuglé par la réussite de ses deux tableaux de cette année, il ne s'arrêtait point, après nous avoir montré ce qu'il est déjà capable de faire. L'énergie, le mouvement, la facile distribution des épisodes d'une bataille et la clarté de la composition me semblent les qualités dominantes de son dessin. Sa couleur est montée de ton ; mais elle tire sur le rose groseille dans les tons rouges et sur le violet dans les bleus. Nous engageons M. Eugène Bellangé à ne pas moins la surveiller que son dessin.

C'est parce que nous estimons fort ce que le jeune peintre nous a montré de talent dans la grande composition intitulée *la Garde à Magenta* et dans le petit *Episode de Magenta*, représentant des canonniers français se faisant hacher jusqu'au dernier sur la pièce qu'ils défendent contre un cercle de plus en plus resserré d'Autrichiens ; c'est parce que nous augurons bien de son avenir que nous voudrions le voir disparaître de l'arène pendant quelque temps et remplacer par une étude persévérante de la figure ces joies de la composition facile et de l'exécution sommaire.

M. Berthelemy, de Rouen, a refait, dans de moindres proportions, quelque chose comme le tableau que M. E. Isabey avait exposé il y a deux ans. Mais il a su éviter, dans son *Incendie en mer*, de faire une copie et de peindre les opacités intenses que son devancier avaient montrées. Il y a de l'air dans toute sa toile, même dans sa fumée, et un heureux accord entre les lueurs adoucies du couchant et les flammes empourprées qui s'échappent des flancs du navire et se résolvent en une colonne d'épaisse fumée : drame de feu qui reflète ses épisodes sur les vagues de la mer, où tangue lourdement, flottant au gré des vents et sans direction, le grand navire dont le beaupré offre un asile incertain à l'équipage éperdu.

Le Bateau pêcheur ralliant son embarcation, pour fuir un grain, à l'ancre sur une mer houleuse, compose un excellent tableau d'une impression très vraie.

M. G. Bouet, de Caen, peint toujours de cette couleur blonde et lumineuse que nous avons déjà souvent eu l'occasion de louer ces intérieurs qu'il dessine avec un si scrupuleux respect de la forme et de l'archéologie. *La Vue intérieure de l'Eglise abbatiale de Mondaye* ne le cède en rien à toutes les vues que M. G. Bouet trouve le temps de peindre, tout en dessinant les bois nombreux que lui demandent les éditeurs anglais d'ouvrages archéologiques.

Les aquarelles de M. A. Cassagne, du Landin, se font encore remarquer par la facilité dans le maniement du pinceau et par la largeur de l'effet ; mais elles pèchent par le manque de dégradation de la couleur, suivant les différents plans. En somme, la perspective aérienne leur fait défaut.

M. Ch. Chaplin, des Andelys, est le peintre facile des élégances apprêtées et l'héritier le plus direct des maîtres galants du dix-huitième siècle, bien qu'il garde sa physionomie propre dans cette tradition renouée après un long intervalle d'années. Il sait harmoniser à merveille le rose vif des carnations avec le blanc absolu des étoffes par une série de tons intermédiaires où le gris perle domine, et, sans être fade, prodiguer sur la toile les gaîtés de sa palette. Son faire martelé nuit seul à ces agréables portraits où la chair est rendue avec un juste sentiment de la vie.

Le *Portrait d'homme* de M. Capron, de Mondeville (Calvados), est un peu trop haut placé pour qu'on puisse juger du soin que son auteur semble avoir apporté à son exécution. C'est une peinture lisse, un peu luisante, qui paraît modelée avec précision et qui ne manque pas d'un certain accent dans le rendu de la physionomie du modèle.

C'est toujours et c'est trop un élève de M. Couture que M. Coessin de la Fosse, de Lisieux. Les procédés du maître se retrouvent dans sa peinture, mais à l'état de pâle reflet. Les dessous noirs, à peine recouverts d'une couleur crue qui les laisse transparaître, ne suffisent point pour harmoniser une toile sans unité dans le ton et sans solidité dans la touche. Il y a beaucoup de mouvement cependant dans ce tableau important, qui représente *la Mort du général Espinasse* tué dans les rues de Magenta. Les mouvements y sont justes et énergiques, quoique le dessin y manque de distinction. Mais le relief fait défaut, et le regard semble transpercer les personnages.

Nous avions reproché à M. Coessin de la Fosse, il y a deux ans, le peu de solidité de sa peinture, et c'est une de ses parties faibles, que nous l'engageons encore à surveiller, ainsi que le ton groseille de ses rouges.

M. Court remplit tout un panneau avec onze portraits dont la moitié sont en pied et de très grande dimension. Le seul auquel l'art sérieux soit intéressé est le plus petit d'entre eux; celui-là avait déjà été fort remarqué à l'exposition de ses œuvres, que M. Court avait jugé à propos de faire succéder à celles d'Ary Scheffer, sur le boulevard des Italiens. Il représente un homme qui porte allègrement sa verte vieillesse : solide ébauche créée par la nature, qui a taillé rudement les traits du visage en les ombrageant d'une chevelure rebelle. Comme le créateur l'avait faite, l'artiste l'a peinte, et ce portait, attaqué de verve, solide dans ses lumières, transparent dans ses ombres, est une des meilleures œuvres du meilleur temps de M. Court.

Je ne sais en quel coin de la Normandie M. Dévé, de Rouen, a pris sa *Ferme normande*, et si c'est bien en notre province qu'il a trouvé cet amas pittoresque d'étables bâties en terre rouge, à peine soutenues par des charpentes mal équarries, devant lesquelles deux bœufs soumis au joug attendent en ruminant. Mais, en tous cas, M. Dévé a peint un agréable tableau, qui rappelle un peu trop le faire de M. Flers, son maître.

Il nous semble avoir déjà vu à l'exposition de Rouen le

tableau de M. Dubourg, de Honfleur, intitulé: *Une Assemblée de Village.*

Au bas d'un verger planté de quelques rares pommiers, qui s'étend sur une pente légère, s'alignent des tables que garnit une population de paysans et de marins. A droite, sous un abri formé d'une vieille toile, s'empilent les barriques de cidre; à gauche un couple égrillard, comme dans les kermesses de Téniers, s'embrasse sans souci du public. Celui-ci circule à travers les buveurs, se répand en groupes isolés sous les arbres du verger et regagne le village, dont on voit au loin le clocher. Il y a de l'animation dans cette composition, des types très populaires, un peu plus flamands que français, un peu plus du dix-septième siècle que du dix-neuvième, des groupes bien disposés; nous dirions même qu'il y a de l'air, si la couleur générale n'était point d'un ton roux, qui ferait supposer que c'est la lumière d'un soleil fuligineux qui éclaire toute cette scène. On n'y respire point et quelque chose y opprime les poumons. C'est à acquérir un sentiment plus réel de la franche lumière, sans perdre les qualités harmonieuses de sa couleur, que doit tendre de tous les efforts M. Dubourg.

Mlle Eudes de Guimard, d'Argentan, s'est relevée avec quelque éclat de sa dernière exposition, qui était fort inégale. Son *Ecole en Basse-Normandie* est un charmant tableau, tout rempli de naïveté enfantine, trouvée et non cherchée, mais éclairé d'un soleil par trop bas-normand. Ce brave soleil n'a jamais mûri que la pomme, et ses rayons semblent avoir emprunté au cidre, au petit cidre même, ses tons jaunes et froids.

A gauche est la religieuse, assise devant son bureau et faisant épeler une petite fille. En avant s'alignent les bambins des deux sexes devant leurs pupitres étroits. Toute la scène est éclairée par reflet, tandis que la pleine lumière, arrivant par la porte et par les fenêtres du fond, accentue les silhouettes de tout ce petit monde. Cette lumière, trop jaune, est aussi trop la même, soit qu'elle frappe les contours du visage, ceux des vêtements, ou qu'elle se joue à travers les cheveux, car il nous semble que chaque objet ne doit point s'éclairer de la même façon et doit modifier par sa couleur intrinsèque le ton qui l'éclaire.

Même lumière froide et tournant au vert dans *le Partage contesté.* Deux fillettes, grandes comme nature, assises dans une brouette, s'y disputent les parts de leur goûter. Mlle Eudes de Guimard rend à merveille les grâces de l'enfance, mais elle les attriste par un coloris qui demanderait à être réchauffé. Qu'elle fasse boire un peu de Bourgogne à son soleil ; puis, qu'elle concentre davantage ses forces, au lieu de les éparpiller dans une foule de tableautins, dont les mérites assez minces font tort aux œuvres plus étudiées, sur lesquelles elle devrait désirer être uniquement jugée.

Une Prise d'habit aux Carmélites, *un Officier de zouaves blessé et recevant le Viatique*, tableaux dont les personnages sont grands comme nature, mais ne sont vus que jusqu'aux genoux, doivent donner dans les pensionnats une haute idée des talents et des sentiments de Mlle Amanda Fougère, de Coutances. On y remarque toujours la même fraîcheur de ton, la même recherche de joli, mais... c'est trop de la peinture de demoiselle.

M. Foulongne, de Rouen, a eu cette bonne fortune d'être chargé de la décoration d'un appartement dans une villa de Neuilly. Il avait pour thème la théogonie indienne, et c'est une partie des cartons de ses compositions qu'il a exposée. Dessinateur précis et élégant, M. A. Foulongne s'est heureusement inspiré des belles miniatures des artistes indiens pour représenter ces dieux bizarres, polycéphales, armés souvent de membres multiples, vêtus de gaze et couverts de parures. Tout en s'asservissant aux traditions nées des Pouranas et des Védas, M. A. Foulongne a su rester lui-même et traduire avec la science de l'Occident les naïvetés de l'Orient.

Nous ne saurions trop approuver ce parti que prennent de nos jours les administrations et les particuliers, les unes de faire peindre leurs églises, les autres leurs appartements. L'art s'y élève en subissant les nécessités de l'emplacement et en s'alliant à l'architecture, qui lui transmet toujours un peu de ses sévérités. Tous les salons ne sont point en style Pompadour ; il n'y a point à peindre que des trumeaux en crème fouettée, et les artistes d'un talent sérieux et tempéré comme M. A. Foulongne semblent créés à souhait pour allier leurs compositions à une architecture plus sérieuse que celle dont on est généralement engoué aujourd'hui.

Un solide pastel intitulé *les Dentellières de Luc-sur-Mer*, par M. X. de Grisy, de Lisieux, représente un intérieur bas-normand. Une vieille femme est assise devant son métier, accompagnée de deux jeunes filles coiffées du bonnet rond des dimanches, qui a remplacé l'affreux bonnet de coton de la semaine. Les accessoires sont bien traités, et la jeune dentellière la plus éloignée du spectateur est d'une harmonie charmante. Le *Portrait de Mme V. G...* est d'un ton moins agréable et nous semble ne point avoir assez de saillie vers les tempes.

M. Hamelin, de Honfleur, s'est contenté d'envoyer un *Portrait de vieille Paysanne*, crayonné d'une main légère. C'est à peine si les principaux linéaments du visage sont indiqués sur le papier, si une légère touche d'estompe indique le modelé; mais cette tête est vivante avec toute sa rude énergie.

Le *Portrait d'Enfant* de M. G. Hébert, de Rouen, est un heureux début, bien que certaines parties contrastent par leur lourdeur avec les tons légers et la couleur claire du visage. Il y a des incertitudes dans le dessin et dans la couleur de la draperie en velours que l'enfant a remplie de roses. Ces roses sont, comme la draperie, d'un ton sale plutôt qu'éteint; on ne sait si ce sont des jambes ou des balustres que l'on aperçoit dans les ombres épaisses de la partie inférieure du tableau. Nous concevons que M. G. Hébert ait voulu tout sacrifier à la tête, qui rayonne de fraîcheur; mais ici le sacrifice est trop apparent, et c'est à savoir le dissimuler que doivent tendre les études de M. G. Hébert. Nous voyons avec plaisir que notre jeune compatriote a abandonné ce système de peinture torride que nous avions vue à la dernière exposition de Rouen, et nous ne pouvons que le féliciter de la nouvelle voie plus naturelle où il est entré.

Les deux paysages au fusain de M. Hellouin, d'Aunay-sur-Odon, sont deux très remarquables compositions, bien dessinées et d'un grand aspect. *Les Landes blanches*, surtout, moins épiques que *l'Etang*, sont traitées d'une main plus légère et avec un juste sentiment de la dégradation des plans.

M. Hénault, de Rouen, nous semble dans une excellente voie et se rapprocher davantage de l'école de M. Ingres que de celle de M. L. Cogniet, son maître, dans le *Portrait de Mlle ****, qu'il a exposé. Mlle *** est debout, vue de face et à mi-corps, une main ramenée sur la poitrine, l'autre s'appuyant sur une table. La couleur est sourde, sans agréments; mais la tête et les mains sont dessinées avec une recherche du style dont il est facile de s'apercevoir, malgré la position élevée qu'occupe cette toile. Quant au modelé, il est malaisé de s'en rendre compte, car il doit être atténué par l'éloignement; mais l'aspect général de cette peinture sévère nous fait bien augurer de l'avenir de son auteur, ancien élève de l'école municipale de Rouen.

M. Hermann-Léon, du Havre, a peint d'une couleur un peu crue des cerises anglaises posées sur une feuille de chou d'un vert agaçant, à côté de pommes et de poires, un peu bien grosses si elles sont de la saison, un peu bien vertes si ce sont des conserves de la précédente récolte. Ce sont sans doute des cerises d'automne, ou des poires de printemps, et puis d'ailleurs les jardiniers sont si habiles de nos jours pour changer la saison des fruits !

Mlle Heuzé, de Rouen, se livre à un genre où les femmes réussissent d'ordinaire, la peinture des fleurs et la copie. C'est sur porcelaine que Mlle Heuzé a exécuté des *Fleurs dans un vase*, où nous avons surtout remarqué un camélia blanc et rouge, très franchement peint et très frais d'aspect.

Si Drubec est une des rares localités dont l'origine normande soit clairement indiquée par la désinence en *bec*, qui indique le voisinage d'une rivière, M. Krug, qui y est né, est-il aussi de même origine ? En voyant ces deux noms associés, on pense plutôt aux bords de la Baltique qu'aux rochers du Calvados ; mais peu importe ; ici, ce qu'il importe, c'est le *Portrait de Mme K...* Nous ne voudrions point être désagréable pour Mme K..., mais ce n'est ni une jeune femme ni une jolie femme ; aussi le peintre a voulu exprimer le sentiment et l'action là où il ne trouvait point de lignes, et son œuvre montre un certain caractère résultant du mouvement de la tête, qui se projette en dehors de la ligne du corps, et de l'intensité du regard, obliquement fixé.

Chacun sait à quel point M. Polyclès Langlois a su s'assimiler une partie des qualités de son père, et quelle est la valeur des vues moitié pittoresques, moitié archéologiques, qu'il dessine d'un crayon docile. Sa *Vue de Saint-Ouen*, celle d'une *Vieille Rue du vieux Rouen*, dont les pignons menaçants suivent les lignes capricieuses d'un alignement fantastique, manquent seulement de cette dégradation nécessaire pour faire reculer les fonds à leur plan véritable.

M. Laugée, de Maromme, se repose des grands travaux de décoration qu'il exécute depuis plusieurs années dans l'église collégiale de Saint-Quentin, en peignant des scènes familières qui le placent au premier rang des peintres de paysanneries, non pas de paysanneries en vestes de satin et en robes de soie, mais de vraies scènes des champs, avec leur caractère élevé et sérieux. Ses personnages possèdent moins de style, peut-être, que n'en montrent ceux de M. Breton, le créateur du genre, mais la couleur y est plus agréable et plus légère, en étant aussi solide.

Dans *la Récolte des œillettes en Picardie*, il est soir, et l'air est encore tout embrasé de cette poussière lumineuse qui flotte sur la campagne après les chaudes journées d'été. La terre est presque dénudée, et les pavots liés par bottes dressent de place en place leurs faisceaux, tandis que quelques femmes arrachent encore les rares tiges oubliées. Tout est calme dans cette composition sereine, tout respire le travail et les joies de la tâche accomplie.

La Sortie d'École est une scène d'hiver, dans quelque village de Picardie, qui, par la couleur, fait plutôt songer aux tableaux d'Adrien Ostade qu'à ceux de Guillaume, son frère, qui aimait à placer ses personnages sur les canaux glacés de la Hollande, au milieu d'un paysage couvert de neige. Un jour gris, mais limpide, éclaire la perspective d'une rue mal alignée, et le soleil, qui a disparu derrière les toits, jette encore quelques faibles clartés roses au zénith. Les mains dans les poches, la casquette sur les oreilles, ou les mains sous leur tablier et le châle sur la tête, garçons et filles sortent frileusement de l'école et regagnent à la hâte la maison sous la conduite des parents, tandis que des gamins essaient encore la glissade tracée le matin dans le ruisseau.

C'est réel sans être vulgaire, grâce à la distinction de la couleur, à la finesse du ton et au charme de la lumière de demi-teinte qui enveloppe tous les personnages de ses transparences nacrées.

Nous aimons moins une scène sentimentale exprimée par des personnages à mi-corps, qui est intitulée *la Bonne Nouvelle, Magenta*. Une jeune paysanne, délicate et charmante, nature de salon plutôt que nature de chaumière, est malade de langueur et à demi couchée sur un grand fauteuil. Son petit frère apporte un papier enluminé d'un cœur enflammé, accorté de deux drapeaux en sautoir. C'est une lettre du régiment, où vient de combattre à Magenta le fiancé de la belle jeune fille. Cette lettre annonce que le jeune soldat vient de recevoir la croix. Est-ce parce qu'il est décoré? Est-ce parce qu'il est vivant? Mais la malade a perdu les sens, et sa mère, une bonne vieille, la ranime en lui faisant respirer un flacon. La scène se comprend facilement; mais il y a un sentimentalisme maladif, une recherche du joli qui feront le succès de cette composition, que la gravure ou la lithographie vont, sans doute, rendre populaire. Cette popularité est pernicieuse: que M. Laugée ne l'oublie pas, et qu'il ne se laisse point glisser sur cette pente où le joli a entraîné tant d'artistes doués de plus de talent que de force.

Les *Azalées* bleues et roses peintes à l'aquarelle par Mme Laval, de Cherbourg, manquent de ressort et de fraîcheur dans les parties claires, mais le groupe de ces fleurs est intelligemment composé.

Nous souhaitons, pour M. Legrain, de Vire, qu'il n'ait été à *l'Hôpital de Vire* que pour le peindre. L'hôpital est toujours un séjour désagréable, mais les voûtes romanes et verdies de celui-ci nous semblent d'une humidité et d'un glacial peu salubres pour les lits qui y sont alignés, à moins que le peintre n'ait quelque peu enlaidi le séjour pour le rendre plus pittoresque. Cet intérieur, habilement et largement peint, du reste, est remarquable par la franchise de la lumière et par l'aisance avec laquelle les personnages, religieuses et malades, se meuvent dans l'air ambiant.

M. Frédéric Legrip a de nobles ambitions, et l'Académie de Rouen a honoré d'une médaille sa tentative dans le domaine de l'histoire. Depuis que l'Académie de Rouen a récompensé *le Supplice de Jeanne d'Arc*, M. F. Legrip, qui est avant tout un artiste laborieux, s'est complu à reprendre son œuvre, et il n'y a point à douter qu'elle ne se soit améliorée. Cependant on peut lui adresser deux reproches : le manque d'unité et l'absence du mouvement. Contenu dans les limites du raisonnable, n'osant point hasarder de ces audaces d'attitude que l'on saisit en passant ou que l'on devine d'instinct, et que le modèle ne saurait donner, M. F. Legrip immobilise ses personnages et leur donne quelque chose de gêné et de pénible. De plus, comme le modèle lui est nécessaire pour bien peindre, il y a une disparate très grande entre les personnages qu'il a pu faire réels et ceux qu'il a jugé nécessaire de transformer. Ainsi, la tête du bourreau armé d'une torche, qui se penche en avant du bûcher pour l'enflammer, est un excellent morceau, réel et vivant; mais celle du juge placé en arrière rentre dans un type banal, dénué de réalité et de vie.

Aussi, si nous croyions les artistes susceptibles de recevoir un conseil, nous conseillerions à M. F. Legrip de viser aujourd'hui moins haut qu'aux compositions abondantes, populeuses et diverses, comme *le Supplice de Jeanne d'Arc*, et de peindre d'agréables petits tableaux, comme tant d'artistes excessivement habiles se complaisent à en composer à leur grand avantage et sans honte ni pour l'art, ni pour eux-mêmes.

Représentant un personnage isolé, dans une action

simple, M. F. Legrip se trouvera mieux dans les conditions de son tempérament. Il pourra donner plus d'importance aux accessoires qu'il peint d'habitude avec une justesse de ton fort grande, et le modèle lui sera moins nuisible dans le rendu du personnage qu'il mettra en scène.

C'est dur peut-être d'engager à crayonner des chansons celui qui voudrait écrire des poëmes; mais la muse pédestre a ses charmes, et trois fois heureux ceux qui la prennent pour compagne. Sa tunique accorte et légère ne risque point de les embarrasser, et ils suivent gaîment leur chemin, laissant en route ceux qui trébuchent, empêtrés dans les longs plis flottants que la muse héroïque traîne après elle, et qu'ils n'ont point été assez forts pour soulever.

En peignant *le Cimetière de Haute-Isle*, M. F. Legrip a été touché d'un grand sentiment de tristesse, que son tableau rend dans toute son énergie. Un maigre champ où l'herbe verdit à peine au pied d'escarpements crayeux, dont les flancs abritent une humble chapelle; au-dessus la cime de quelques collines et un homme à genoux sur une tombe, voilà tout le tableau. La couleur en est sévère, comme désolée, et l'impression est grande.

M. Jacques Leman, de l'Aigle, continue la galerie des portraits du dix-septième siècle qu'il avait commencée de peindre, il y a quatre ans. Alors, c'étaient les hommes marquants du règne de Louis XIII que M. Leman avait réunis dans *une Matinée chez Mme de Rambouillet:* aujourd'hui, ce sont ceux du règne de Louis XIV qui se groupent autour du *Jeu du Roi*.

C'est le temps de la faveur de Mme de Montespan, et toute la famille des Rochechouart de Mortemart entoure le roi. La favorite et ses sœurs, Mme de Thianges, l'abbesse de Fontevrault, sont réunies autour de la table. Le jeune duc du Maine s'appuie sur les genoux de la veuve Scarron, qui, un jour, devenue Mme de Maintenon, fera faire pénitence à cette cour brillante. Mme de Fontanges, encore dans l'ombre, cause avec Dangeau, l'annaliste exact et méticuleux des faits et gestes du roi. Racine s'approche, un manuscrit à la main, et toute la cour, distribuée en groupes ingénieusement agencés, occupe les plans secondaires. Toute la lumière porte sur le groupe central et, afin de le laisser voir, se dégrade avec un artifice qui parfois ressemble à de la défaillance. C'est une tâche ardue que de ramener à l'unité une composition de cette espèce, mais il faudrait y arriver en donnant aux figures accessoires tout le modelé nécessaire, et c'est là le difficile. Encore une critique : les ors nombreux des lambris et des meubles de l'appartement où se passe la scène sont jaunes et ne sont pas de l'or. Il leur manque quelques touches qui les fassent briller quelque peu et aussi discrètement que possible.

Molière posant chez Mignard écrivait-il sur place ces vers faciles que Boileau lui avait enseigné à faire difficilement, et improvisait-il devant le modèle ces portraits qui vivent avec tant de réalité ? Nous ne le pensons pas, et cela nous semble un peu trop futile d'avoir voulu caractériser par une plume et un morceau de papier posés devant lui notre grand comique étudiant un de ses personnages. L'action d'observer devrait être exprimée, à notre avis, par l'attitude du corps et par l'expression de la physionomie, et non par ces actes matériels de la transcription sur le papier de l'impression ressentie et de l'observation condensée. Le type du blondin qui regarde Mignard occupé à peindre, et qui pose lui-même sans y penser, est mieux réussi, et c'est bien le débile cerveau éventé que décrit Sganarelle dans *l'Ecole des Maris*.

Ces tableaux, dont les personnages sont costumés à merveille, sont peints d'une couleur blonde agréable, que M. Jacques Leman a empruntée aux Vénitiens du quinzième siècle; mais c'est surtout dans le *Portrait de Mlle Bérangère*, du Vaudeville , que l'on retrouve un souvenir flagrant de Bellini ou de Cima da Conegliano, de ces peintres précis et lumineux qui enseignèrent le grand art de la couleur au Giorgione et au Titien. N'étaient quelques dissonances dans les vêtements et quelques puérilités dans le paysage indécis qui forme le fond, ce portrait serait un des meilleurs du Salon, comme il y est un des plus remarqués. C'est vers la précision que M. Leman doit diriger aujourd'hui tous ses efforts, afin de donner à sa peinture le relief et le ressort qui lui manquent encore, afin d'être tout-à-fait en rapport avec la couleur distinguée qu'il a su acquérir.

Nous avions déjà vu à l'exposition de Rouen, si nous avons bonne mémoire, le tableau de M. Loutrel intitulé *la Sortie costume du temps de Louis XIII*, et nous le préférons, avec ses dissonances un peu éteintes par le temps, à l'autre tableau qui s'appelle *le Médaillon*. Dans le premier, une jeune femme élégante et grave, habillée à la mode que nous montrent les peintres-graveurs du commencement du dix-septième siècle, sort de son appartement en mettant ses gants. Les accessoires sont parfaitement traités et contribuent à l'harmonie sourde du tableau. Dans le second il y a quelques duretés dans l'accoutrement de la femme en robe de satin blanc et en casaque de velours rouge, qui, assise devant une table, contemple un médaillon.

Le Vœu de M. E. Marc est encore une vieille connaissance de l'exposition de Rouen. Avant de soumettre au public parisien cette toile, que celui de la province avait déjà vue, M. E. Marc n'a point corrigé les défauts que nous avions signalés dans le dessin. Mais le plus grand est dans l'air tout-à-fait parisien de la jeune Bretonne qu'il a représentée à genoux au pied d'une croix. *La Pluie* nous montre une jeune fille, légèrement vêtue d'une chemise, qui, surprise par un orage tandis qu'elle butinait des fleurs dans les champs, étend sur sa tête un léger voile de gaze, pour montrer ses bras et se protéger contre l'averse.

M. Massé, d'Elbeuf, suivant une tendance qu'il manifestait déjà lors de la dernière exposition, s'est livré exclusivement à la représentation des scènes militaires. Le tableau qui a pour titre : *Départ des troupes pour l'armée d'Italie*, est un peu trop le portrait d'un omnibus de la compagnie de Lyon, peint de grandeur naturelle. Il y a bien des troupiers dans l'intérieur et sur l'impériale de cette voiture, des troupiers à pied sur le macadam du boulevard, mais tout cela est froid, sans enthousiasme. La compagnie de Lyon peut seule s'intéresser à cette représentation d'une partie de son matériel, et elle devrait la placer dans l'une de ses salles de voyageurs, comme témoignage de l'activité qu'elle a déployée pour le transport des troupes pendant la campagne d'Italie, et par reconnaissance pour l'argent qu'elle y a gagné.

Les autres tableaux de M. Massé, de dimensions plus exiguës, sont des compositions bien entendues et agréablement peintes. *Une Division de réserve devant Cavriana*, tableau bien composé, et *un Zouave* sont des promesses pour la prochaine exposition. Les portraits exposés par M. Massé sont sévèrement dessinés, très discrètement peints et, en somme, fort agréables.

La Descente de Croix, d'après E. Lesueur, est la plus importante comme la mieux réussie des peintures vitrifiées que Mlle de Maussion, de Falaise, a exposées. On devine à la sincérité de la copie que ce chef-d'œuvre de l'école française a vivement touché Mlle de Maussion, et qu'elle s'est efforcée de traduire avec toute son intensité d'expression pathétique et contenue la belle composition d'Eustache Lesueur. Si la peinture originale disparaissait, on en retrouverait une réplique précieuse sur la lave émaillée.

Nous craignons que la nature n'ait point grand'chose à

voir dans les paysages de M. Merme, de Cherbourg. De ses trois tableaux, le plus important comme le plus soigné représente *un Lavoir* auprès d'Auray, en Bretagne. On dirait un site d'Italie, tant les arbres y sont dessinés avec une tournure épique et peints avec une couleur rouge qui nous étonne sous le climat humide de la Bretagne. De plus un brouillard opaque estompe tous les objets et solidifie l'air dans ces compositions, qui manquent de ressort et de franchise.

M. Millet, de Gréville, suit la pente fatale où nous avions prévu qu'il se laisserait glisser. Les flatteurs d'un côté, de l'autre une secrète inclination à ériger en théorie ce qui n'était peut-être que de l'impuissance, lui ont fait de plus en plus négliger l'étude de la nature pour se contenter d'une enveloppe vide où un pinceau trop distrait ébauche des traits incertains. Qu'il ait à exprimer la chair, le linge ou la laine, le pinceau se promène toujours de la même façon sur la toile et transforme tout en une espèce de cuir ou de feutre épais et plucheux. Certes, *la Tondeuse de Moutons* est fièrement dessinée et semble avoir emprunté aux sibylles de Michel-Ange les attaches puissantes de ses bras ; mais à quoi sert de nous peindre une figure grande comme nature si ce n'est pas pour nous montrer quelque souci des traits du visage, au lieu d'une indication sommaire et insuffisante ?

Il y a encore un moindre scrupule des réalités vivantes dans le visage d'*une Femme faisant manger son enfant*. Où est l'œil et quel est-il ? Si c'est pour le placer dans la tempe et pour le simuler par une simple ouverture noire, ce n'est pas la peine d'adopter des dimensions telles qu'il faudrait au moins en creuser l'orbite, en modeler la saillie, en dessiner les paupières.

L'Attente, qui a pour commentaire un passage du livre de Tobie, nous montre un vieillard aveugle qui sort de sa chaumière, tandis que sa femme, vieille fort mal dessinée, regarde au fond si celui qu'ils attendent ne viendra pas, et que le chat, debout sur la borne, fait le gros dos. Ce vieux podagre est-il le père de Tobie ? N'est-ce pas plutôt l'habitant de quelque bourgade où la mendicité est interdite, qui sort de chez lui au soleil couchant pour recueillir quelque aumône, tandis que sa femme guette le garde champêtre ou la gendarmerie ? Ce tableau est une mauvaise plaisanterie s'il prétend représenter un épisode de la Bible, mais, en tous cas, c'est un mauvais tableau, qui ne possède aucune des qualités de tournure et de lumière sereine que nous avons eu souvent l'occasion de louer chez M. F. Millet. Pour se trouver plus intimement en communication avec les paysans et la nature champêtre, M. Millet s'est réfugié à Barbizon; mais les louanges exagérées y sont venues à sa suite. On en a fait un des prophètes de la peinture de l'avenir, et nous craignons que l'artiste, moins robuste d'esprit qu'il ne le montrait être de talent, ne se soit pris au sérieux dans les solitudes de l'atelier et des champs, et ne veuille abuser aujourd'hui d'encouragements et de sympathies qu'on a transformés en admirations sans réserve. En France, on brise vite ses idoles, surtout quand ce ne sont que des idoles. C'est affaire à M. Millet de démentir nos pronostics fâcheux, et l'on peut être persuadé que nous reconnaîtrons de grand cœur notre erreur, si nous nous sommes trompé.

Les petites scènes familières de M. Mongodin, de Vire, *un Charron*, *un Savetier*, *un Chanteur*, semblent peintes d'après des épreuves photographiques, et c'est là leur grand défaut. Elles sont précises, mais elles sont dures, et l'ombre s'y oppose trop absolument à la lumière.

Les marines de M. Morel-Fatio, de Rouen, témoignent toujours de la même science de l'architecture navale et des mêmes facilités de composition agréable. *Les Vaisseaux anciens* sont une curieuse étude des formes usitées au dix-septième siècle dans la marine hollandaise pour les navires de rangs divers; mais pourquoi y avoir donné à la mer du Nord les transparences bleues de la Méditerranée?

La miniature qui devient sous la main d'un grand nombre d'artistes quelque chose de mesquin et de mort acquiert, sous le pinceau de Mlle Eugénie Morin, une partie de la largeur d'effet et de la vie de la grande peinture. Héritière de F. Hall et de Fragonard, Mlle E. Morin donne à ses portraits le charme que l'on se plaît à trouver dans les miniatures du dix-huitième siècle, charme qui résulte de l'agrément de la couleur et de la légèreté de la touche. Les portraits à l'aquarelle et les scènes élégantes qu'elle jette sur le papier d'une main si habile possèdent une distinction bien rare chez les dessinateurs qui se complaisent à l'étude de la société actuelle.

Nous ne reviendrons pas sur ce que nous avons dit, lors de l'exposition de Rouen, du charmant tableau de M. G. Morin, intitulé : *La Saint-Vivien à Rouen au dix-septième siècle.* Seulement à Paris, l'exécution n'en semble point assez simple; mais elle est peut-être trop simple dans l'autre tableau : *Les Sabotiers de la forêt de Lyons célébrant la vic-*

toire de Solferino. M. G. Morin a voulu peindre ce qu'il avait vu. Sous un abri fait de troncs d'arbres qui supportent un épais toit de copeaux, dans une clairière que la hache vient de faire au milieu des arbres séculaires, les ouvriers sabotiers ont été surpris dans leur travail par la grande nouvelle : l'armée autrichienne a été battue à Solferino. Le drapeau national a été hissé au bout d'une perche, la « boisson » claire remplit les verres, et l'on boit au succès de nos armes, tandis qu'une ronde emporte les plus jeunes dans son tourbillon, et qu'un lecteur épelle dans un coin les détails du bulletin, au profit d'un groupe attentif. La scène a été prise sur nature et a dû se passer ainsi ; mais les faits ne se passent point toujours comme un peintre eût désiré qu'ils se groupassent pour composer un tableau intelligible à première vue et pittoresque tout ensemble. Le lecteur n'est peut-être point assez en évidence ; les buveurs qui, assis ou couchés à terre, comme dans leur repas quotidien, lèvent leur verre rempli de la liqueur ambrée, ne montrent point l'élan d'un toast patriotique. L'enthousiasme n'emporte point assez les cœurs sur ses ailes de feu, et comme les groupes, la lumière est un peu éparpillée. M. G. Morin a été vrai, de la vérité littérale et accidentelle. Aussi son tableau ne possède point l'accent et l'effet plus vrais et d'une vérité plus générale qu'il eût su exprimer dans une composition. Son tableau est une chronique : il eût pu écrire de l'histoire.

Elève de M. Corot, M. Oudinot, de Damgny (Orne), affectionne ces compositions solennelles et un peu grises où son maître sait épandre tant de poésie. *La Lisière de Forêt*, avec ses grands arbres qui bordent un chemin creux qui monte devant vous, est un site bien choisi et peint avec distinction ; mais en voulant donner aux choses un aspect plus solide que ne le fait M. Corot, nous craignons que M. Oudinot n'ait oublié les lois de la perspective aérienne et n'ait point assez sacrifié ses arrière-plans.

M. Emile Perrin, de Rouen, abandonnant le sceptre directorial de l'Opéra-Comique, qu'il tenait d'une main si habile, à ce qu'on répétait à l'envi, a ressaisi ses pinceaux, qu'il sait manier d'une main qui n'a rien perdu de sa dextérité ; il n'a rien perdu non plus de ses affections pour l'art léger et de cette adresse qui sait avec un titre piquer la curiosité. *L'Allée des Dames, souvenir de Plombières !* Que vous imaginez-vous que cela soit ? L'allée s'ouvre devant vous, un joyeux soleil l'éclaire, et la belle société des baigneurs et des baigneuses, mise à la dernière mode, se montre, se pavane, rit, caquette, se salue et occupe le plus agréablement du monde les chaises qui garnissent l'allée. Une tente abrite une estrade qui se dresse au fond, et au premier abord on croit assister à un concert en plein vent. Il y a là précisément des militaires alignés de chaque côté, et c'est la musique de leur régiment qui doit charmer les loisirs des habitants de Plombières.

Vous vous trompez gravement si vous vous fiez à ces apparences. Cette tente recouvre un autel : un prêtre descend de cet autel, et devant les marches de l'estrade un homme est seul debout isolé de la foule, devant un prie-Dieu. Ce personnage est l'empereur, et le tableau représente la fin de la messe. La fin! entendez-vous? En ce moment le recueillement n'est plus de rigueur, et l'on peut donner aux groupes un aimable désordre sans blesser les convenances. Mais à quoi bon peindre un sujet qui n'a de valeur qu'à la condition de n'être point représenté? Où serait l'habileté sans cela? Et puis, qu'importe, si le tableau est agréable, que le peintre, se croyant encore directeur de théâtre, ait exécuté une messe d'opéra-comique?

Le Portrait de Mme Armand, de M. Quesnel, de Coutances, est d'une honnête médiocrité. Judicieusement relégué dans un angle obscur, il doit passer obscurément.

M. Ribot, de Breteuil (Eure), s'est fait le peintre ordinaire des cuisiniers : cuisinier au feu, cuisinier méditant, cuisinier rafraîchissant ses esprits et cherchant l'inspiration dans le vin, ce ne sont que cuisiniers ou bien de pauvres poules à qui ces maudits marmitons viendront tordre le cou, pour les plumer, les embrocher et les faire cuire. Peints avec un pinceau qui enfume un peu leurs vêtements blancs, mais qui cherche la pâte solide de Chardin, ces gâte-sauces attristés manquent de ragoût et sont loin cependant d'être des croûtes.

Une Mare en Normandie, de M. P. Saint-Martin, de Bolbec, se creuse à l'abri d'un bouquet de chênes, au milieu d'une grande prairie que des rideaux d'arbres bordent à l'horizon. Le ciel est nuageux, le temps est gris, et le soleil, caché derrière les arbres du premier plan, envoie une pâle lumière sur ce paysage printanier, simplement mais élégamment composé. Les arbres sont dessinés avec un certain style, l'horizon est profond, et nous n'aurons à y reprocher qu'un peu de lourdeur dans le ciel.

Snap II est un honnête chien, pointer de pure race anglaise, honnêtement assis pour poser devant son maître,

M. E. de Sancy, d'Argentan, qui l'a honnêtement peint d'une couleur un peu sale.

Des tableaux, des aquarelles et des portraits au pastel exposés par M. H. Sebron, de Caudebec, c'est la grande aquarelle représentant l'intérieur de la cathédrale de Milan que nous préférons. L'effet y est large, la couleur en est lumineuse, et ce morceau peut aller de pair avec les œuvres des meilleures.

Le Dessous de Forêt, de M. Tillot, de Rouen, montre sur le premier plan plusieurs arbres perdus dans la demi-teinte, tandis que le fond et la clairière qui le précède son tout inondés de lumière. Il y a peut-être quelque lourdeur dans le ton des premiers plans, mais toute la partie éclairée est fort jolie, bien à sa place, et les arbres sont dessinés avec plus de science que n'en montrent d'ordinaire les paysagistes.

L'exposition de M. Viger-Duvignau, d'Argentan, est considérable par les dimensions des œuvres, mais la froideur de leur exécution ne répond point au désir de bien faire que montre cet artiste. Les peintres d'histoire ne sont pas forcés d'être des peintres de marine ; aussi nous ne demanderons point à M. Morel-Fatio ce qu'il pense de la barque que M. Viger-Duvignau fait aborder en Provence, portant dans ses flancs étroits, depuis les côtes de Syrie, saint Lazare et ses sœurs Marthe et Marie-Madeleine, en compagnie d'autres saints. Des anges conduisent la barque, il est vrai, mais cela ne suffit pas aux yeux pour rendre possible ce miracle de l'accumulation de tant de personnages dans un aussi mince esquif, et pour laisser le spectateur rassuré sur le sort de ces saints personnages qui, un pied sur le plat-bord, semblent tout occupés à implorer la Providence avant que de chavirer. Il faut de la vraisemblance au moins dans les choses matérielles, et cette vraisemblance ne se trouve point dans l'œuvre estimable de M. Viger-Duvignau.

Flore a dressé sa couche dans la campagne : un beau matelas de taffetas rouge avec son traversin à galons jaunes, tissés à Lyon sous la Restauration et montés par quelque tapissier attardé aux modes de ce temps. Elle y est établie toute nue, au beau milieu des fleurs de toute espèce qui jonchent le sol, tandis que Zéphir, un petit Zéphir tout-à-fait rassurant pour la vertu de Flore, soulève un pan de la draperie qui abrite la couche et gonfle d'un souffle les gazes dont Flore a oublié de se couvrir.

Le corps de la jeune déesse est élégant, facilement dessiné, modelé avec plus de précision que de science. Mais pourquoi cette maudite couleur d'un vert froid dans les ombres vient-elle glacer toutes ces chairs et diminuer le charme que le peintre a voulu y répandre ? Nous concevons d'autant moins ce système que nous n'en remarquons aucune trace dans le corps de l'enfant qui représente Zéphir : les ombres fouettées de rouge y sont transparentes et chaudes.

A côté de ces deux toiles importantes, traitées dans les dimensions de la nature, M. Viger-Duvignau a représenté dans les plus minimes proportions l'Enfant-Jésus endormi dans un berceau, tandis que deux anges lui apportent les instruments de sa passion. Cela est intitulé *Je dors*, *mais mon cœur veille*, et destiné probablement à faire l'ornement de l'oratoire de quelque dévote sentimentale.

Sculpture.

Les bustes de deux jeunes enfants de la famille Rothschild, taillés un peu sèchement dans le marbre, par M. Destrez, de Gisors, sont des œuvres estimables, mais sans grand caractère.

En examinant les œuvres des artistes normands au Salon de 1857, nous avons longuement étudié une statue que M. Leharivel-Durocher, de Chanu (Orne), avait alors exposée en plâtre et qu'il vient d'exécuter en marbre. Cette statue, désignée sous ce titre : *Etre et Paraître*, représente une jeune femme assise, à demi nue et pleurant derrière un masque souriant qu'elle tient à la main. Faisant droit à la plupart des observations minutieuses que nous lui avions adressées alors (*Journal de Rouen* du 29 septembre 1857), M. Leharivel-Durocher a un peu reporté en arrière le masque qui, d'un côté, cachait entièrement la figure, et a changé légèrement la position du bras dont la jeune femme relevait les draperies qui la cachent à moitié. De cette façon la ligne du corps se voit mieux quand on est de face. L'exécution en marbre, très soignée et très grasse, n'a fait que donner un nouveau charme à cette statue gracieuse.

L'autre statue en marbre de notre laborieux Normand, *Rosa Mystica*, montre la Vierge, encore toute jeune fille, les mains jointes, se recueillant, comme dans la scène de la Présentation au Temple. Les étoiles couvrent son front, la lune est à ses pieds, qui écrasent le dragon. Tout le symbolisme orthodoxe y est, mais ce qui s'y trouve par-dessus tout, c'est la fraîcheur, la jeunesse et l'innocence pudique. Heureuse la chapelle qui possédera cette œuvre d'une religiosité si douce !

Le *Colin-Maillard* est une statue en plâtre que l'auteur soumet au public, probablement avant que de l'exécuter en marbre. Eh bien! si l'auteur écoutait l'infime fraction du public que nous sommes, il ne l'exécuterait point. Mais il ne nous écoutera pas, et il aura peut-être raison, car ce petit art mièvre et gracieux, auquel cette statue appartient, a de nombreux adeptes aujourd'hui, que la sculpture tombe en quenouille et semble l'œuvre d'énervés et non pas d'hommes vigoureux et sains.

Aujourd'hui, ce ne sont point les grandes qualités qui font les grands artistes, mais c'est l'absence de défauts. Aussi l'on efface, l'on atténue et en définitive on arrive à un résultat neutre, qui ne choque personne, et à un petit art qui semble du goût de tout le monde. Or, le *Colin-Maillard* appartient trop à ce petit art qui veut plaire à tout prix, et qui cherche surtout à attirer le regard en traitant un sujet que l'on n'ait point encore abordé. La statue de M. Leharivel-Durocher représente une jeune fille vêtue d'une légère tunique relevée, les yeux couverts d'un bandeau, qui projette son corps en avant, les deux bras étendus, avançant avec hésitation son pied droit, légèrement tourné en dedans. D'abord ce pied, s'il indique bien l'incertitude et les tâtonnements de la démarche, est fort disgracieux au point de vue de la beauté plastique. La statue en semble estropiée.

Puis, que dire d'un visage à moitié caché sous un bandeau, de ces deux grands bras qui sortent avec tant de maigreur de la ligne du corps tout ployé en deux, des pauvretés de la taille toute cerclée des liens qui retiennent la tunique? A notre avis, M. Leharivel-Durocher s'est trompé. Il a transporté dans la statuaire un sujet que comporterait seule la peinture légère, et nous croyons de son intérêt de reculer, tandis qu'il en est temps encore.

M. Lenordez, du Vaast (Manche), a modelé dans des proportions plus grandes que nature *un Etalon* et *une Poulinière* du plus pur sang anglais. A la façon dont les deux nobles bêtes se flairent mutuellement, on devine que le stud-book aura un nouveau produit à inscrire sur ses feuillets. Mais de quel intérêt peut être un groupe si colossal, si maigrement traité? Quelles sont les qualités de style qui recommandent ce sujet banal et qui expliquent les proportions qu'on lui a données? Certes, l'œuvre de

M. Lenordez est recommandable; mais, traitée en cire, elle ne perdrait rien, et gagnerait même à ne point afficher tant de prétention.

Gravure.

Chaque peintre, ou, pour le moins, chaque école de peinture trouve le graveur qui lui convient, qui semble créé tout exprès pour traduire ses œuvres par le burin et pour en multiplier les exemplaires à l'infini, avec une fidélité d'aspect si scrupuleuse, malgré la différence des procédés, que jamais et dans aucun temps aucun graveur ne pourra autant en approcher. Ce que Marc-Antoine fit pour Raphaël, Pesne pour Le Poussin, Bolswert pour Rubens et Audran pour Ch. Lebrun, pour s'arrêter à ces grands exemples, M. Bertinot, de Louviers, semble l'avoir fait pour MM. Bouguereau et Jalabert, à qui nous demandons la permission de ne point les comparer avec leurs illustres devanciers. Il y a deux ans, c'étaient les tons gris, légers, et le dessin élégant de *l'Amour Fraternel* de M. Bouguereau que M. Bertinot avait traduits sur l'acier; cette année, ce sont les grâces d'*une jeune Mère italienne*, saisie dans cet instant charmant de la première maternité, où les fleurs de la vierge brillent encore sur les joues de la femme. Le cuivre, légèrement attaqué par des tailles qui l'effleurent à peine, rend à merveille la fraîcheur tempérée du coloris et les légèretés de ton que M. Jalabert montre en ses tableaux.

C'était une autre affaire que de graver *la Fille d'Hérodiade*, d'après le tableau de Luini du musée du Louvre. La planche, confiée d'abord à M. Bein par la Chalcographie du Louvre, avait été trouvée inachevée à la mort de cet artiste. M. Bein était un graveur qui avait fait ses preuves; mais affaibli par l'âge il n'avait laissé qu'une préparation peu satisfaisante, que son successeur dut effacer en partie. Puis, quelle difficulté pour reprendre ce que l'on a conservé et pour l'achever, lorsque l'on comprend le rendu de tout ce qui compose une peinture d'une autre façon que celui qui en a commencé la traduction! C'est contre ces difficultés que M. Bertinot a eu à lutter, et l'on peut dire qu'il s'en est tiré à son très grand honneur en parvenant à redonner à l'estampe ce qu'elle n'avait point tout d'abord, une partie du charme que possède le tableau.

M. E. Lefebvre, président de la Société des Amis des Arts de Rouen, manie la pointe de graveur à l'eau-forte avec toute l'habileté qu'ont montrée dans cet art les amateurs du dix-huitième siècle, ses devanciers. Nous reprochons seulement à ses charmantes eaux-fortes un peu d'opacité et de lourdeur dans les ombres. Parmi toutes ces estampes qui représentent pour la plupart des sites romantiques des bords du Rhin ou des rives de la Seine, nous préférons *un Intérieur de Forêt*, parce que nous y trouvons une pointe plus libre et plus légère.

C'est aussi la légèreté qui est le plus grand charme des eaux-fortes de M. Regnault, de Bayeux; mais lorsque celles-ci se compliquent de burin, comme dans *le Portrait de M. Meissonnier*, elles deviennent quelque peu noires et dures. Quant aux portraits de M. le comte du Manoir, de M. le baron de Vendeuvre, et de quelqûes autres personnages, à peine égratignés avec une pointe d'aiguille promenée avec aisance sur le vernis, ce sont de petits chefs-d'œuvre.

Comme un pareil portrait est plus agréable que ces petites photographies inintelligentes où vous êtes représenté en pied, avec vos défauts exagérés, fronçant le sourcil et faisant la grimace! Ce qui est bleu y devient blanc, ce qui est jaune y devient noir, les lignes droites sont courbées, les choses saillantes y sont grossies, et l'on est forcé d'admirer ces produits d'insupportables petits messieurs, plus vaniteux de leur industrie que s'ils avaient inventé le soleil, dont ils sont les humbles collaborateurs. Oh! si les peintres faisaient la moitié des bévues que commet la photographie!

C'est en vain que nous avons cherché les portraits à l'eau-forte de M. H. Valentin, d'Yvetot.

Lithographie.

Ni M. Marc, ni M. Loutrel, qui semblent abandonner le crayon lithographique pour le pinceau, n'ont rien exposé. M. E. Leroux reste seul, mais c'est assez pour représenter la Normandie avec honneur. Cet artiste continue la suite de l'histoire de Samson, d'après les magnifiques dessins de Decamps, dont il avait déjà exposé les commencements. Son crayon fidèle et coloré a traduit cette année les profondeurs du paysage grandiose et sévère où Manoë et sa femme reçoivent de l'ange la révélation de la naissance de Samson; puis les tièdes demi-teintes de la chambre où l'Hercule biblique se réveille énervé par la perfidie de Dalila.

La lithographie, à notre sens, a rarement atteint cette

vigueur et cette transparence; et nous sommes heureux d'avoir à terminer notre revue des artistes normands, comme nous l'avons commencée, par des éloges sans réserve.

—

Notre province, on le voit, peut s'enorgueillir de quelques-uns des artistes auxquels elle a donné le jour. Plusieurs y brillent parmi les premiers; le plus grand nombre se fait un nom honorable dans les arts, et tous montrent cette qualité française de la clarté dans la composition du sujet, et cette autre qualité normande de la modération dans les moyens. Sans exagération dans le dessin, sans violence dans la couleur, chacun écrit sa pensée et souvent réussit mieux pour l'exprimer que d'autres plus turbulents et plus osés.

ALFRED DARCEL.

(Extrait du *Journal de Rouen.*)

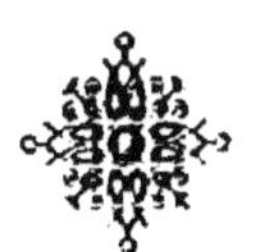

ROUEN. — IMP. DE D. BRIÈRE.

www.ingramcontent.com/pod-product-compliance
Lightning Source LLC
LaVergne TN
LVHW020633110826
845149LV00004B/1160

* 9 7 8 2 0 1 2 7 3 1 1 0 3 *